AF268021

A LA MÉMOIRE

DE

M. L'ABBÉ MARMIER,

PROFESSEUR DE PHILOSOPHIE AU COLLÉGE SAINT-FRANÇOIS-XAVIER.

PAR M. L'ABBÉ BESSON.

BESANÇON,

IMPRIMERIE ET LITHOGRAPHIE DE J. JACQUIN,

Grande-Rue, 14, à la Vieille-Intendance.

—

1869.

A LA MÉMOIRE DE M. L'ABBÉ MARMIER.

Je voudrais écrire quelques pages à la mémoire de l'homme excellent, du saint prêtre que nous venons de perdre : heureux si je parviens à me faire l'interprète de ses amis et de ses élèves qu'il a comptés par milliers. En parlant pour eux , je parle aussi pour moi, j'acquitte ma dette avec la leur. J'ai vécu avec M. l'abbé Marmier plus de vingt ans, sous le même toit, de la même doctrine, de la même prière, du même travail. C'en est assez pour avoir le droit de le louer un peu et de le pleurer toujours.

Jean-François-Etienne Marmier, né à Frasne (Doubs) le 22 mai 1811, appartenait à une de ces familles anciennes et vénérées qui sont depuis plusieurs siècles l'honneur de nos montagnes. Son nom était porté, il y a cent ans, par des prêtres que la persécution a trouvés fidèles ; deux de ses cousins l'ont illustré de nos jours, l'un par ses brillants faits d'armes sur la terre d'Afrique, où il a conquis le grade de général, l'autre dans les lettres par ses intéressants récits de voyages et ses agréables nouvelles. Un esprit vif, curieux, avide d'apprendre, caractérise de bonne heure, dans ces familles d'élite, une foule d'enfants qui semblent ne songer d'abord qu'aux travaux de l'agriculture ; mais qu'un curé les devine et les marque pour le sacerdoce, ses prévisions seront rarement trompées. Il ne faut qu'une main ferme et sûre pour diriger l'arbre ; on verra bientôt combien la séve en est riche et les fruits abondants. Le jeune Marmier fut deviné dès l'âge de douze ans et envoyé à l'étude latine de Sombacourt. Il fallait l'entendre raconter la vie si simple et si studieuse de ce petit collége, où le curé du lieu, M. Alix, se faisant, entre les offices, professeur, maître d'études, supérieur, suffisait presque à tout, et, à peine aidé par un ou deux auxiliaires, plus vicaires encore que régents, enseignait pêle-mêle la grammaire, les humanités et même les mathématiques, à soixante élèves de tout âge. Il y avait là autant de conscrits que de bambins, vivant côte à côte sans autre souci que celui de l'étude, mangeant chacun à la même table le pain de leur famille , et payant une modique pension de dix francs par mois. C'étaient là de dignes écoles, et elles seront à jamais regrettables. Les mœurs restaient pures, les caractères s'assouplissaient sans s'effacer, et l'austérité, étant dans la vie et non dans la règle, s'imposait d'elle-même comme une habitude naturelle que l'on garde, et non comme un frein que l'on ronge en attendant qu'on puisse le briser.

Après un an passé à l'école de Sombacourt, l'écolier de Frasne avait fait quatre classes sans s'en douter, et il entrait en quatrième au séminaire d'Ornans. Dès le début, il se mit à la tête de ses condisciples et il garda son rang jusqu'à la fin. Cependant sa supériorité était contestée en narration française et en vers latins. Il se piqua d'émulation, apprit par cœur les plus beaux morceaux de notre littérature et les plus beaux vers de Virgile, et, s'assimilant ainsi les tours et les expressions des grands maîtres, il remporta en rhétorique les deux prix qui avaient manqué jusque-là à sa couronne. L'art d'écrire, l'art de parler, si rare aujourd'hui, serait bien plus commun si l'on savait qu'il est avant tout l'art d'apprendre et de se souvenir.

Tel était cependant le caractère de M. Marmier, qu'en quittant la rhétorique pour la philosophie il ne songea plus qu'à ses nouvelles études. Là commence à paraître cet esprit souple et fin, subtil et profond, qui, servi par autant d'ardeur que de conscience, se faisait du travail un plaisir autant qu'une loi, et lui consacrait, avec une admirable persévérance, toutes les heures demandées par le règlement. Il n'était point de ces élèves qui pâlissent, un livre à la main, dans le coin d'une cour, changeant la récréation en étude parce qu'ils ont changé l'étude en récréation. Elève ou maître, les heures de loisir ont toujours été aussi sacrées pour lui que les heures de travail. Il ne faisait rien à demi, et ne supportait pas plus la mollesse au jeu qu'en classe. Il y avait dans cette originalité si naïve de quoi attirer l'attention et exciter l'intérêt du supérieur de l'école. M. l'abbé Grosmougin, dont le nom, si inconnu au monde, est demeuré si cher au clergé, avait à un rare degré le tact des esprits et le discernement des vocations. Ayant apprécié mieux que personne le mérite naissant de son élève, il le signala sans hésitation comme le plus distingué de la classe. M. Marmier méritait ce rang pour la précision de ses réponses, l'ordonnance de ses dissertations, et surtout l'inflexible rigueur avec laquelle il savait, dans une argumentation publique, presser et réduire son adversaire. On sait que les logiciens estiment surtout dans cet exercice l'art de soutenir sa thèse sans changer de moyens de défense, ou de *medium*, comme on dit dans l'école. C'était là le talent de M. Marmier; il le posséda toute sa vie avec une incroyable facilité, que l'âge ne diminua jamais. Quelque sujet qu'il traitât, politique, philosophique ou religieux, ni les interruptions de la réplique, ni les soudainetés de la conversation, ni les sujets étrangers jetés sur le tapis par une malice inoffensive, rien ne l'arrêtait dans le développement de sa thèse. Il répondait d'un mot aux interrupteurs , et, l'esprit fixé sur son sujet , il continuait sans la reprendre la phrase commencée par lui et oubliée par tout le monde. Son sang-froid dans ces occasions n'avait rien d'égal que son entrain.

J'ai nommé M. Grosmougin ; c'est à ce vénérable directeur que M. Marmier déclarait devoir, après Dieu, le bonheur du sacerdoce. Sachons-lui gré d'avoir deviné que cet esprit, tout libre qu'il était, demeurerait soumis, que sa naïveté n'était pas de l'orgueil, et que sa piété aux franches allures était de celles qui ne sont sujettes ni aux fâcheux retours, ni aux brusques changements , comme on le voit dans les âmes trompées par l'imagination ou le sentiment. Il se mêle à la séve intellectuelle et religieuse de nos montagnes certain esprit indocile et frondeur qui s'assouplit si on le ménage , mais qui éclate et qui tourne aisément au sophisme si on l'irrite. Personne ne saurait dire jusqu'à quel point un ami véritable ou un perfide camarade, un bon ou un mauvais livre, un maître prudent ou maladroit, a d'influence sur les déterminations à venir d'un jeune Comtois qui cherche sa vocation. C'est la terre excellente de cette province qui a donné, depuis deux cents ans, à la théologie ses plus savants docteurs et aux missions étrangères leurs plus intrépides apôtres. Elle a été la patrie des Bullet, des Bergier, des Nonnotte, presque les seuls qui soutinrent contre tout leur siècle la cause de la religion ; elle a enfanté de nos jours les Gousset, les Gaume, les Blanc, les Receveur, les Doney, les Gerbet, les Busson, les Cuenot, les Marchand, les Gagelin, ceux-là l'honneur de l'apologétique chrétienne, ceux-ci dont les noms sont inscrits parmi les martyrs. Mais la même terre a, dans le même temps, donné naissance aux rêves de Fourier et de Considerant , aux impiétés de Proudhon, au scepticisme de Jouffroy, plus élégant et, partant, plus dangereux pour les esprits d'élite, aux paradoxes des Bugnet et des Tissot. La plupart de ces hommes fameux, dont la destinée a été si différente, se sont rencontrés dans leur jeunesse sur les bancs des mêmes écoles. Les uns ont mis à servir la foi autant de zèle que les autres en ont mis à l'attaquer. Ce sera longtemps la passion de la race comtoise. Avec l'intelligence, l'ardeur et, il faut le dire, l'entêtement qui la caractérisent, elle ne demeure guère indifférente à ces graves questions. Dans l'attaque comme dans la défense, elle va jusqu'au bout, ne sachant être ni religieuse ni incrédule à demi. A Dieu ne plaise que cette passion se refroidisse et que notre fière province s'efface sous le niveau de l'indifférence commune ! Au risque d'enfanter encore des Fourier et des Proudhon, puisse-t-elle produire d'autres Gousset et d'autres Bergier !

M. l'abbé Marmier était de cette race vaillante qui, ayant une fois embrassé le bon parti, ne sait ni pâlir devant les obstacles ni reculer devant le devoir. Il ne fallait rien moins qu'une vocation solide pour l'état ecclésiastique le jour où il acheva son cours de philosophie. La révolution de juillet venait de s'accomplir. Au premier bruit des trois glorieuses journées, comme on disait alors, le séminaire d'Ecole fut évacué et les élèves renvoyés chez leurs parents à la chute du jour. M. Marmier nous racontait souvent comment on leur avait recommandé de ne pas entrer à Besançon, de peur d'être mêlés à quelque émeute ou de s'attirer quelque ennui. Docile à la recommandation comme à tout le reste, il passa le Doubs à Velotte et regagna ses montagnes avec la gaieté d'un écolier qui se console de n'avoir pas de prix parce qu'il a des vacances anticipées. Mais les vacances passées, le grand séminaire s'ouvre comme de coutume, et le brillant logicien devient élève de théologie.

C'était le temps des grands maîtres : M. Gousset, revenu de Rome, remontait dans sa chaire, déjà illustrée par douze ans d'enseignement, avec les lumières nouvelles et le zèle des bonnes doctrines que l'on puise au tombeau de saint Pierre ; M. Gaume l'égalait, au jugement des uns ; selon M. Marmier, et ce témoignage est celui d'un bon juge, il le dépassait même. L'élève fut remarqué des maîtres comme il le méritait. Dès la première année, on le met aux prises dans les argumentations publiques avec les diacres qui achevaient leurs études, et il ne le cède en rien aux plus distingués ; on le regarde avec curiosité, on l'écoute avec étonnement, chacun voit et reconnaît en lui non pas l'élève qui s'instruit, mais le professeur qui se forme. Sa vocation était évidente, il était né pour l'enseignement. Sa théologie achevée, on l'envoya d'abord au petit séminaire de Consolation, puis, par une inspiration meilleure, au séminaire de philosophie, à Ecole, en qualité de maître d'études. A cette qualité modeste se joignirent les fonctions de professeur suppléant, car la santé du titulaire, M. l'abbé Signe, était fort débile, et M. Marmier, qui eût trouvé encore tant de profit à l'écouter lui-même, se vit plus d'une fois obligé d'improviser à sa place une de ces leçons rapidement conçues, mais déjà pleines de talent, qui révèlent dans leur embarras même toutes les espérances d'un brillant avenir. Ce ministère ne dura que six mois. Après lui avoir donné la consécration sacerdotale, le 5 avril 1835, Mgr Mathieu le désigna, avec M. l'abbé Ballot, pour aller étudier les règles de l'enseignement et de la vie commune dans la Solitude où **MM.** de Saint-Sulpice forment les jeunes recrues de leur compagnie. M. l'abbé Marmier y laissa une haute réputation de studieuse ferveur, et en rapporta ces traditions d'humilité et de perfection qui ont tant profité à ses élèves et qui ont fait le bonheur intime de toute sa carrière. Comme il se rappelait volontiers ces belles années ! Comme il semblait jouir encore, en les racontant, des conseils de ses vénérés maîtres, de l'amitié de ses confrères, de la paix, de la joie et de l'unanimité de sentiments qui font le charme de cette solitude bénie de Dieu !

Cependant Mgr Mathieu avait résolu de former une école sur le modèle de celle de Saint-Sulpice, avec deux années complètes d'études philosophiques mêlées de physique, de mathématiques et d'histoire naturelle. Le siége en fut transféré à Vesoul, dans un enclos plein de vieux ombrages et de fruits délicieux, planté à la fin du xviiie siècle par les enfants de saint François ; et M. l'abbé Marmier fut appelé à inaugurer le nouveau cours de philosophie. C'est là que l'auteur de cette notice l'a connu, presque au début de sa carrière, et qu'il a appris à l'aimer. Quand l'âme se recueille dans ces lointains souvenirs, elle ne saurait dire ce qui dominait alors dans M. Marmier, du maître qu'on admire, du prêtre qu'on vénère, ou de l'ami que l'on devine déjà pour l'avenir sans oser encore lui donner ce nom. Jamais un de ces titres ne fit tort à l'autre, tant il les méritait bien tous les trois. En classe, il ne donnait rien à la phrase, rien à la montre, interrogeant indistinctement les plus forts et les faibles, et dans les argumentations publiques laissant à tous ses élèves la responsabilité de leur thèse, tant il avait horreur, et pour lui-même et pour les siens, de paraître ce qu'il n'était pas. Pendant la récréation, il se mêlait trois fois par jour aux groupes de ces adolescents obscurs, dont il faut supporter parfois la curiosité indiscrète ou l'humeur chagrine, avec l'espoir de les édifier ou de les instruire. En les conviant à cette familiarité, il n'a pas, que je sache, perdu le moindre respect. Mais, que de cœurs gagnés ! que de franches ouvertures faites à propos ! que d'utiles renseignements recueillis pour assouplir un caractère, éclairer une vocation, prévenir au besoin une exclusion dont la rigueur précipitée aurait peut-être privé l'Eglise d'un bon prêtre ou fourni à l'impiété une funeste recrue. Il plaidait, dans ces occasions délicates, les circonstances atténuantes avec un rare talent, faisant valoir toutes les considérations tirées de l'âge, de la légèreté, de l'espérance d'une meilleure conduite. Le temps a justifié toutes ses prévisions, tant la bonté de son cœur donnait de rectitude à son jugement.

M. l'abbé Marmier était content de son sort, quand au mois d'août 1850, la fondation du collége Saint-François-Xavier changea sa destinée. Il accepta, sur l'invitation de son archevêque, d'y venir enseigner la philosophie, rompant ainsi, à l'âge de quarante ans, les liens de ses plus chères habitudes. Ce n'était pas seulement changer de chaire et d'auditoire, c'était ajouter à son fardeau. Avec le devoir d'enseigner la philosophie, M. Marmier s'imposait celui de préparer au baccalauréat. Il voulut assister, pendant sept ans, aux cours de la faculté des lettres, pour étudier à fond la méthode des juges, s'assurer quelles étaient, dans chaque thèse, leurs définitions préférées et leurs preuves de prédilection, et amener chaque semestre à leur tribunal, des jeunes gens non-seulement instruits dans la doctrine, mais formés à la réponse, avec ce je ne sais quoi d'achevé et de précis que donne aux notions les plus élémentaires la parole méditée des grands maîtres. C'est ainsi que M. Perron, M. Levêque et M. Chappuis l'ont vu tour à tour au pied de leur chaire. Ils admiraient son zèle, ils louaient son grand savoir, ils approuvaient sa méthode, et ils n'ont manqué aucune occasion de proclamer son mérite. M. Marmier, de son côté, ne faisait aucune difficulté de reconnaître que l'enseignement philosophique de la faculté de Besançon était empreint du meilleur esprit, et que l'on y trouvait, sans péril pour la foi, toutes les ressources d'une vaste science, avec les plaisirs d'une claire et noble parole. Cette confiance réciproque n'a pas été altérée un seul jour, malgré les changements de programme, malgré les crises si contraires qu'a traversées l'esprit public, et les épreuves plus apparentes que réelles de l'enseignement philosophique. On se rappelle qu'un jour le mot de philosophie parut suspect, et qu'on le remplaça par celui de logique. C'était changer l'étiquette du sac pour empêcher les curieux de regarder au fond, et faire croire aux simples qu'on en avait vidé toute la malice. Mais dans une école chrétienne, plus la philosophie est complète, moins elle offre de danger, tandis que là où la foi manque, une logique mal comprise est insuffisante à guider les meilleurs esprits. M. l'abbé Marmier avait l'art d'être toujours le même, quel que fût le programme de l'année. Malgré la lettre de ce programme, si souvent remanié, les élèves ne songeaient à lui demander compte ni de ses leçons ni de leur temps. Ils se laissaient mener, sans s'étonner de quelques détours. Leur maître, ils le savaient bien, songeait autant qu'eux au baccalauréat, et les succès de chaque examen leur avaient appris qu'avec un tel guide on ne pouvait guère manquer son but.

On le savait aussi dans les autres écoles de la province, et même au delà. Les cahiers écrits par ses élèves, colportés de main en main pendant dix-huit ans, ont servi de texte à plus d'un maître, et ont fait le succès de plus d'un candidat. Son nom n'était pas même cité, mais son *compendium* était devenu populaire. Sa modestie ne s'offensait jamais de cet oubli. A l'entendre, il n'avait rien écrit, il n'avait rien fait. Quand on le pressait de publier ces précieux cahiers, il s'y refusait nettement; c'était pour lui une récompense suffisante d'avoir été utile, même sous des noms étrangers, à des jeunes gens qu'il ne connaissait pas. Son cœur excellent jouissait de leurs succès comme du succès de ses élèves. Il était l'ami de toute la jeunesse studieuse, dans quelque école qu'elle eût été élevée, et l'admirateur de tous les examens brillants, surtout s'il pouvait en attribuer à d'autres qu'à lui-même l'honneur et le triomphe.

Le P. Gratry a dit quelque part, en parlant des efforts tentés pour rendre les sciences plus chrétiennes, et en donnant des regrets aux bibliothèques, aux colléges, aux retraites, aux traditions de travail et de recueillement de l'ancien Oratoire : « On pourrait citer plusieurs groupes de prêtres qui, de nos jours, se sont réunis dans la bonne volonté d'essayer. Tous, après quelques années de lutte contre la faim, ont été forcés pour vivre de se faire professeurs de grammaire, ou bien préparateurs au baccalauréat (1). » Eh bien! oui, cela est vrai, et M. Marmier en a été la preuve. Il s'est fait pendant dix-huit ans et professeur de grammaire et préparateur au baccalauréat, non pas pour vivre, car il avait ailleurs le peu qui suffit au prêtre. mais pour enseigner la vraie philosophie aux jeunes gens du monde, et pour leur laisser, avec un grade qu'ils oublieront demain, des principes dont ils ne pourront jamais se dépouiller. C'est sous le titre avili et dédaigné de préparateur au baccalauréat qu'on aborde la jeunesse, que l'on gagne sa confiance et qu'on lui fait du bien ; c'est à ce prix qu'on peut l'instruire et la sauver. Si M. Marmier eût habité les hauteurs de la métaphysique, pris des grades. occupé en Sorbonne quelque chaire enviée, publié des livres, aurait-il eu autant de lecteurs qu'il a eu d'élèves? Aurait-il formé autant de fermes esprits et de nobles cœurs pour le barreau, la magistrature, l'armée, l'enseignement et le sacerdoce? Sans grade, sans titre, sans récompense, aussi humble dans l'Eglise qu'inconnu à l'Etat, ce modeste professeur d'une institution de province, ce préparateur au baccalauréat ès lettres, a enseigné, tant à Vesoul qu'à Besançon, plus de quinze cents élèves, et il a affermi en eux les fondements de la foi, à force de bon sens et de parfaite raison.

(1) Henri Perreyve, p. 112.

Il faut nous en expliquer ici et mettre sa doctrine en pleine lumière. M. Marmier était un philosophe chrétien dans toute la justesse et dans toute la force de ces deux termes, qu'il ne concevait ni ennemis l'un de l'autre, ni même séparés. Il appartenait à cette grande école spiritualiste où Platon, saint Augustin, saint Anselme, ont laissé tant de traces glorieuses. Il aimait cette doctrine élevée et hardie qui, dans le fait seul de la pensée humaine, sait trouver tout ensemble l'âme et Dieu. l'âme ou le sujet qui voit, et Dieu l'objet nécessaire de toute contemplation, objet éternel, parfaitement distinct de l'âme, qu'il éclaire et qu'il rend intelligente. Ce système lui paraissait préférable à tout autre, parce qu'il lui paraissait plus capable de réfuter le scepticisme moderne. Il ne voyait pas comment on peut échapper au doute de Kant et à sa dangereuse philosophie, quand on renferme la pensée tout entière dans l'âme sans lui permettre d'atteindre autre chose qu'elle-même ou de vaines images, si l'on peut donner ce nom à des formes intellectuelles qui n'ont aucun rapport connu avec la réalité invisible qu'elles sont censées représenter.

Telle était la pensée de sa psychologie et de sa théodicée. On voit assez comment il entendait la logique. Rationaliste chrétien, il admettait tous les moyens légitimes de connaître, la raison aussi bien que la foi, la raison qui entrevoit la vérité, la foi qui l'affirme nettement, la raison qui en ébauche l'étude, la foi qui la complète et la perfectionne. Ces deux principes de nos connaissances, ces deux règles de notre vie, il savait les réunir sans les confondre et les respecter sans les sacrifier l'un à l'autre, déclarant que le second principe est supérieur au premier, mais que le premier est la base nécessaire du second. Le contrôle préalable que la raison exerce pour reconnaître l'autorité de la foi ne lui semblait point une irrévérence, et s'il donnait la priorité à la raison, c'était pour affermir et non pour ébranler l'ordre surnaturel. Enfin, l'autorité de la foi reconnue, il regardait comme aussi déraisonnable de discuter ce qu'elle impose, que de la faire intervenir mal à propos dans les questions que la raison doit résoudre. Rien n'égalait son respect profond, sa soumission scrupuleuse, son adhésion entière à tout ce qu'enseigne la parole de Dieu, à tout ce qu'enseigne l'Eglise, seule gardienne immortelle, seul interprète infaillible de la parole divine.

Ainsi la philosophie était à ses yeux un moyen de se préparer à la foi et un moyen de la défendre ; cette préparation lui semblait nécessaire à tous les esprits solides, cette confirmation utile à tous les dogmes. Il croyait trouver dans Platon comme une prophétie philosophique de l'Evangile, soit que le disciple de Socrate eût conçu lui-même ses belles idées, soit qu'il les eût puisées dans une tradition antique. Le doute méthodique de Descartes ne l'effrayait pas ; il menait volontiers jusque-là ses élèves, certain de leur faire toucher du doigt cette pierre solide de la pensée humaine à laquelle les plus fiers esprits ne sauraient se heurter sans être obligés de se dire en toute franchise : Je pense, donc je suis ; je pense, donc Dieu existe. Mais sa logique inflexible ne nous permettait pas de nous borner à cette confession. Enchaînant les conséquences aux principes, il rattachait l'étude de la religion à celle de la philosophie avec une telle rigueur que l'on ne pouvait échapper à la conclusion dogmatique et pratique de son enseignement. Quatre propositions le résumaient tout entier : Il y a quelque chose de certain ; s'il y a quelque chose de certain, Dieu existe ; si Dieu existe, le christianisme est vrai et il en est l'auteur ; si le christianisme est vrai, c'est l'Eglise catholique seule qui en possède la tradition et qui l'enseigne. Dans la suite de ces propositions, qui contiennent tout l'ordre naturel et tout l'ordre révélé, M. l'abbé Marmier passait de l'évidence de la raison aux affirmations de la foi avec toutes les lumières de l'intelligence humaine. Il cessait de voir pour croire, mais sans cesser de voir les motifs de sa croyance ; et la chaîne lumineuse et non interrompue par laquelle il rattachait l'homme au Dieu vivant et se manifestant dans l'ordre sensible, la philosophie à la religion catholique et à l'Eglise, formait autour des jeunes âmes comme un double rempart, à l'abri duquel la raison grandissait de toute la hauteur de la foi, tandis que la foi était affermie et consolidée sur la base indestructible de la raison elle-même. Avec un tel enseignement, il n'était pas possible de s'arrêter à l'ordre naturel et de tenir obstinément le dos tourné et les yeux fermés au monde surnaturel qui fait suite au premier. Il fallait franchir ce seuil, regarder vers la lumière divine et la saluer avec l'accent de la foi. Le maître semblait dire à ses disciples en leur distribuant les palmes de la science profane, comme Origène lorsqu'il distribuait les palmes de l'idole à la porte du temple de Sérapis : « Recevez ces palmes et portez-les non comme les insignes des faux dieux, mais comme ceux de Jésus-Christ. »

Autant sa doctrine était solide, autant l'expression en était claire, lumineuse, énergique. La clarté chez lui allait jusqu'à l'éclat, l'énergie jusqu'au pittoresque. Rien de plus intéressant que ses discussions : il excellait à poser une thèse, à la réduire aux termes les plus justes et à la diriger au but avec un imperturbable sang-froid, sans se laisser ni déconcerter par une objection, ni entraîner dans une thèse étrangère. L'enchaînement des idées, la justesse des expressions, qu'on eût à peine obtenus avec la plume, il les possédait dans sa parole vive, animée, entraînante, et qui est demeurée telle jusqu'à la fin. C'était la merveille de cet enseignement de trente-quatre ans, qu'on y trouvât toujours la même verve et le même entrain, malgré l'habitude, l'âge et la fatigue, qui font pâlir les chaires les plus éloquentes et qui éteignent les plus nobles ardeurs Ses cheveux blanchissaient, sa marche devenait pénible, il semblait changer, il semblait vieillir; mais on le voyait sans y prendre garde, car, en classe et en récréation, il demeurait toujours jeune par la pensée, par le sentiment et par la parole.

Tandis que nous nous rassurions, il avait conçu comme une appréhension de sa mort prochaine; mais sa délicatesse nous en cachait les approches. Quelques soupirs à peine entendus, quelques vagues craintes exprimées dans l'intimité, trahissaient de loin en loin cette pensée dominante; et cependant il était plus que jamais fidèle à son poste, le premier à l'église, le premier en classe. Les jours qui précédèrent sa mort furent marqués par la retraite annuelle du collège. Après en avoir suivi tous les exercices, il alla le 2 décembre, veille de la clôture, se confesser pour gagner l'indulgence plénière, voulant ainsi s'associer plus saintement à la fête du collége et à la communion générale des élèves. La retraite achevée, il remonta dans sa chaire le vendredi 4, toujours avec son ardeur accoutumée : ce devait être sa dernière classe. Il se montra, le reste de la journée, agréable et gai dans la conversation, doux envers tout le monde, et fit de touchants adieux au P. Bayonne, l'éloquent dominicain, prédicateur de notre retraite, qui nous quittait ce jour-là pour retourner dans son couvent de Dijon. Le soir, quelques plaintes sans amertume lui échappèrent sur le fatal mal de tête dont il était affecté depuis dix-huit mois. Il regagna sa chambre un peu plus tôt que de coutume, mais sans inspirer de crainte à personne sur une vie qui nous était si chère. Comment peindre le spectacle du lendemain? M. Marmier n'avait pas répondu à l'élève qui était allé se mettre à sa disposition pour servir sa messe. Deux heures s'écoulent; l'heure de la classe arrive, et pour la première fois depuis dix-huit ans le professeur se fait attendre. L'inquiétude gagne ses confrères, on se presse autour de la porte de sa chambre et on en force les verroux. Sa bougie était allumée, sa fenêtre ouverte; il s'était levé à l'heure ordinaire, mais il était tombé, à demi vêtu, frappé d'une apoplexie foudroyante. Il s'était levé, sans doute malgré les souffrances et les appréhensions d'une nuit pénible, pour célébrer la messe et faire sa classe, et il était tombé les armes à la main. Tout était là : son bréviaire, son chapelet, ses cahiers de philosophie ouverts à la leçon du jour; sa montre, sur laquelle ses yeux s'étaient fixés tant de fois pour se rappeler l'heure de la prière et de l'étude, avait été consultée sans doute le matin à l'heure du réveil : c'était pour lui l'heure de la mort ; non, c'était l'heure du réveil éternel.

Il faut renoncer à peindre la stupeur et la désolation de tous au premier bruit de ce funeste accident. On vit alors mieux que jamais quelle place M. Marmier tenait dans l'estime publique et quel vide immense il faisait non-seulement dans son collége, mais dans la ville, dans le clergé et, pour ainsi dire, dans toute la province. Pendant les deux jours que le collége garda son corps, couché sur son lit et revêtu des habits sacerdotaux, il se fit comme un deuil silencieux en classe, au réfectoire, en récréation ; la douleur était au fond de toutes les âmes, les larmes dans tous les yeux et dans toutes les voix. L'office de l'Immaculée Conception, qui se célébrait le dimanche suivant, put à peine être achevé. Les chants expiraient sur les lèvres des élèves, et les paroles de la sainte liturgie sur celles des prêtres. Ceux-ci disaient ce qu'ils avaient perdu, ceux-là le sentaient ; tous voulurent voir encore une fois leur cher maître ou leur cher confrère, et allèrent prier au pied de son lit avant qu'on eût mis son corps au cercueil. Ses obsèques étaient fixées au lundi 7 décembre, à dix heures du matin. A l'heure marquée, les cours, les cloîtres, l'église, se remplirent des personnages les plus honorables de la cité qui venaient mêler leurs regrets à ceux du collége et rendre un public hommage à la mémoire du saint prêtre. A côté des chanoines de la métropole, des directeurs du séminaire, des curés de la ville et de la banlieue, on distinguait dans cette foule choisie, M. le président Clerc, M. le président Rain, M. Poignand, premier avocat général, M. Boysson d'Ecole, trésorier général, MM. de Vregille, Drouhard, Cordier, Paguelle, Beneyton, conseillers à la cour, M. Estignard, avocat général, M. le baron Daclin, M. de Vaulchier, M. l'avocat Guerrin, M. de Jankovitz, M. de Jallerange, M. Blavette, doyen de la faculté des sciences, M. Pérennès, doyen de la faculté des lettres, M. Chappuis, professeur de philosophie, M. Sanderet, directeur de l'école de médecine, M. Coutenot, M. Druhen, M. Lebon, M. Labrune, M. Michel, M. l'architecte Ducat, etc., des avocats, des médecins, des prêtres, qui avaient été les élèves du défunt et qui ne trouvaient d'autre consolation à leurs regrets que celle de venir pleurer sur une si grande perte. Mgr le cardinal archevêque de Besançon avait voulu lui-même présider aux obsèques. Après la messe, qui fut célébrée par M. Bergier, vicaire général, assisté de M. le chanoine Courtois et de M. Nicolin, curé de Saint-Maurice, l'illustre prélat monta en chaire et, donnant un libre cours à sa vive et paternelle émotion, il s'exprima à peu près en ces termes :

Beatus quem elegisti et assumpsisti ; inhabitabit in atriis tuis. (Psalm. LXIV, 5.)

Bienheureux celui que vous avez choisi et que vous avez enlevé, il habitera dans vos sacrés parvis.

« Il serait naturel, ce semble, de nous abandonner à la tristesse et à la douleur en voyant cette existence si promptement brisée, cette intelligence d'élite éteinte en un moment, ces liens de l'amitié rompus d'une façon si inattendue ; mais nous devons faire taire notre douleur et essuyer nos larmes en songeant aux paroles de notre texte : *Beatus quem elegisti et assumpsisti ; inhabitabit in atriis tuis.*

» Dans son enfance, dans sa vocation ecclésiastique, dans la carrière de son enseignement, M. Marmier a été, en toute vérité, l'homme que le Seigneur avait choisi.

» Ce fut au sein d'une de ces familles patriarcales qui font l'honneur de nos contrées, dans l'air pur et religieux de nos montagnes, qu'il puisa, dès le bas âge, l'habitude des vertus simples et solides. Ecolier obéissant, studieux, plein de foi, il sentit le souffle de Dieu venir à lui, s'y abandonna doucement et se laissa porter vers une vocation plus sublime.

» Devenu prêtre, il alla fortifier en lui l'esprit ecclésiastique dans la maison de Saint-Sulpice, où l'on apprend à aimer les fonctions modestes et à vivre de la vie cachée.

» Aussi, quand je fondai cette école de Saint-François-Xavier, mes regards se portèrent sur lui. Je ne voulais pas faire seulement de ce collége une école de science, quoiqu'elle en soit abondamment pourvue dans sa modestie même; je voulais encore une école de patience et de dévouement, propres à former en vous, mes chers enfants, l'esprit de discipline, l'esprit chrétien. Pouvais-je vous donner un meilleur maître? Avec quel zèle il enseigna! avec quelle tendre sollicitude il vous accompagnait aux épreuves de vos grades! avec quelle inquiétude il suivait vos examens! Il aurait souhaité de les passer lui-même, prenant toute la peine pour lui et ne vous en laissant que l'honneur et le succès.

» M. l'abbé Marmier a professé pendant trente-quatre ans, sans demander, sans désirer jamais rien, pas même dans ces derniers temps où le mal auquel il a succombé lui a fait pressentir, sans l'arrêter un seul jour, ses mortelles atteintes. Si parfois, tournant ses regards vers cette église métropolitaine où il avait reçu le sacerdoce, il exprimait l'espoir d'y trouver une place, c'était dans les entretiens de l'intimité et toujours avec l'abandon et la simplicité d'un enfant. Mais il n'était pas oublié de son évêque : j'aurais voulu placer sur ce cœur d'or la croix d'or du chapitre ; j'y pensais, la mort m'a prévenu, mais je me fais un devoir de déposer ce vœu sur ce cercueil.

» Oui, mon cher Monsieur Marmier, recevez ici le témoignage de votre évêque. Vous avez courageusement et saintement rempli votre tâche. Et vous, Messieurs et très chers, n'oubliez ni la leçon que vous recevez aujourd'hui, ni surtout les pieux exemples que vous avez eus sous les yeux. Vous enfin, mes chers enfants, apprenez combien vous êtes grands devant Dieu, puisque tout ce qu'il y a de noble et de généreux ici-bas se dévoue pour votre service et votre instruction, et commencez à aimer cette Eglise qui fait un tel cas des si hautes et si pénibles fonctions de l'enseignement.

» M. l'abbé Marmier est mort d'une mort subite, mais non pas imprévue. Il s'était préparé toute sa vie au redoutable passage. Après une telle vie, devenue comme une longue préparation à la mort, la mort subite est souvent une grâce. J'ai la confiance que le Seigneur lui a déjà fait miséricorde, et je souhaite qu'à son exemple nous nous trouvions toujours prêts. Ainsi soit-il. »

Après les prières de l'absoute, prononcées par Son Eminence, le cortége se mit en marche vers la gare, pour conduire le corps sur le chemin de fer de Pontarlier, jusqu'à la station de Frasne, jusqu'à la terre natale du bien-aimé défunt. Etrange coïncidence ! triste jeu des destinées humaines ! Ce voyage, M. l'abbé Marmier l'avait réglé dès la semaine précédente, mais pour un autre motif et dans un appareil bien différent. Il devait partir pour Frasne, le jour même de son enterrement, à l'heure de son convoi, et par le train qui emmena son cercueil ; mais c'était pour bénir le mariage d'une nièce chérie et prendre part à la joie de deux familles réunies désormais par les liens d'une heureuse alliance. Hélas ! ce fut une autre main qui bénit ce mariage, et la mort vint s'asseoir à la table nuptiale. Ainsi, rien n'a manqué pour rendre cette leçon plus vive et plus sensible, ni le coup soudain, ni les projets anéantis, ni les contrastes les plus inattendus et les plus éloquents. Dieu, couronnant ainsi à l'improviste trente-quatre ans d'enseignement chrétien et de vertus sacerdotales, a transporté tout à coup ce digne maître au milieu des noces célestes et des festins de l'Agneau. Il nous a laissé sa vie pour entretien, sa mort pour avertissement, et la pompe émouvante et populaire de ses obsèques pour consolation.

Je voudrais, en finissant, donner quelque idée de la grande place que M. Marmier s'était faite dans le cœur de ses élèves et des regrets qu'une perte si cruelle a excités partout. Voici, entre autres lettres, une page toute

baignée de larmes, que nous recevons ; elle est écrite du fond de la Bour-
gogne, par un jeune avocat à qui notre bien-aimé confrère avait fait la
classe en 1854.

« M. Marmier était une de ces personnalités qui ne s'oublient jamais, et
après quinze ans, son souvenir m'est aussi présent que si je l'avais quitté
hier. Son grand cœur, son dévouement, son enthousiasme pour le bien
et pour le beau, son aversion, sa haine, allais-je dire, si jamais pareil sentiment avait pu entrer dans son âme, son aversion pour tout ce qui était
bas et méprisable, son affection pour ses élèves, dont il partageait toutes
les joies, et encore mieux toutes les peines, tout cela en avait fait un type
impérissable, que ni le temps ni la distance n'ont pu diminuer à mes yeux.
Permettez-moi de vous dire un autre motif tout particulier du vif regret
que me cause une telle perte, et de la profonde reconnaissance que j'ai
vouée à sa mémoire. J'avais échoué au baccalauréat, et le jour de la se-
conde épreuve approchait. M. Marmier, pour me faire franchir ce pas dif-
ficile, descendait aux misères de la grammaire latine, corrigeant mes solé-
cismes dans mes discours, et mes contresens dans mes versions, avec un
zèle mêlé d'appréhensions qu'il s'efforçait de me cacher, et d'espérances
que sa bonté exagérait toujours. C'était pendant les vacances de Pâques
et il se trouva obligé de partir l'avant-veille de l'examen. Il me demanda
timidement si je voudrais bien aller servir sa messe à quatre heures du
matin. Je le remerciai avec effusion de m'avoir choisi parmi mes camara-
des, et je me trouvai avec lui au pied de l'autel à l'heure marquée. Il célé-
bra la messe avec une émotion qu'il avait peine à contenir, et qui me gagna
à mon tour. Quand le dernier évangile fut récité, il me tendit les mains,
m'embrassa avec effusion et me bénit en ajoutant : « Mon ami, vous serez
reçu, je viens de le demander à Dieu et je suis sûr du succès. » Il avait
dit vrai. Ce fut la dernière parole que j'entendis de sa bouche, ce fut la
dernière fois que je le vis. Vous comprenez, Monsieur le supérieur, quel
regret j'éprouve aujourd'hui de n'avoir pu dire à ce saint homme, à ce
bon et paternel ami, une dernière fois merci. « Vous serez reçu, me disait-
il en me quittant. » Oh ! que cette prière commencée dans la chapelle du
collége, il daigne la continuer auprès de Dieu, et puisse-t-il me dire du
haut du ciel avec la même assurance : « Mon ami, vous serez reçu dans
le séjour que j'habite. »

Voilà le portrait qu'en ont tracé ses élèves. Voilà les vœux qu'ils forment en apprenant sa mort. Que nous reste-t-il, sinon à signer ce portrait, à répéter ce vœu, et à nous consoler dans cette immortelle espérance !

BESANÇON, IMPR. DE J. JACQUIN.

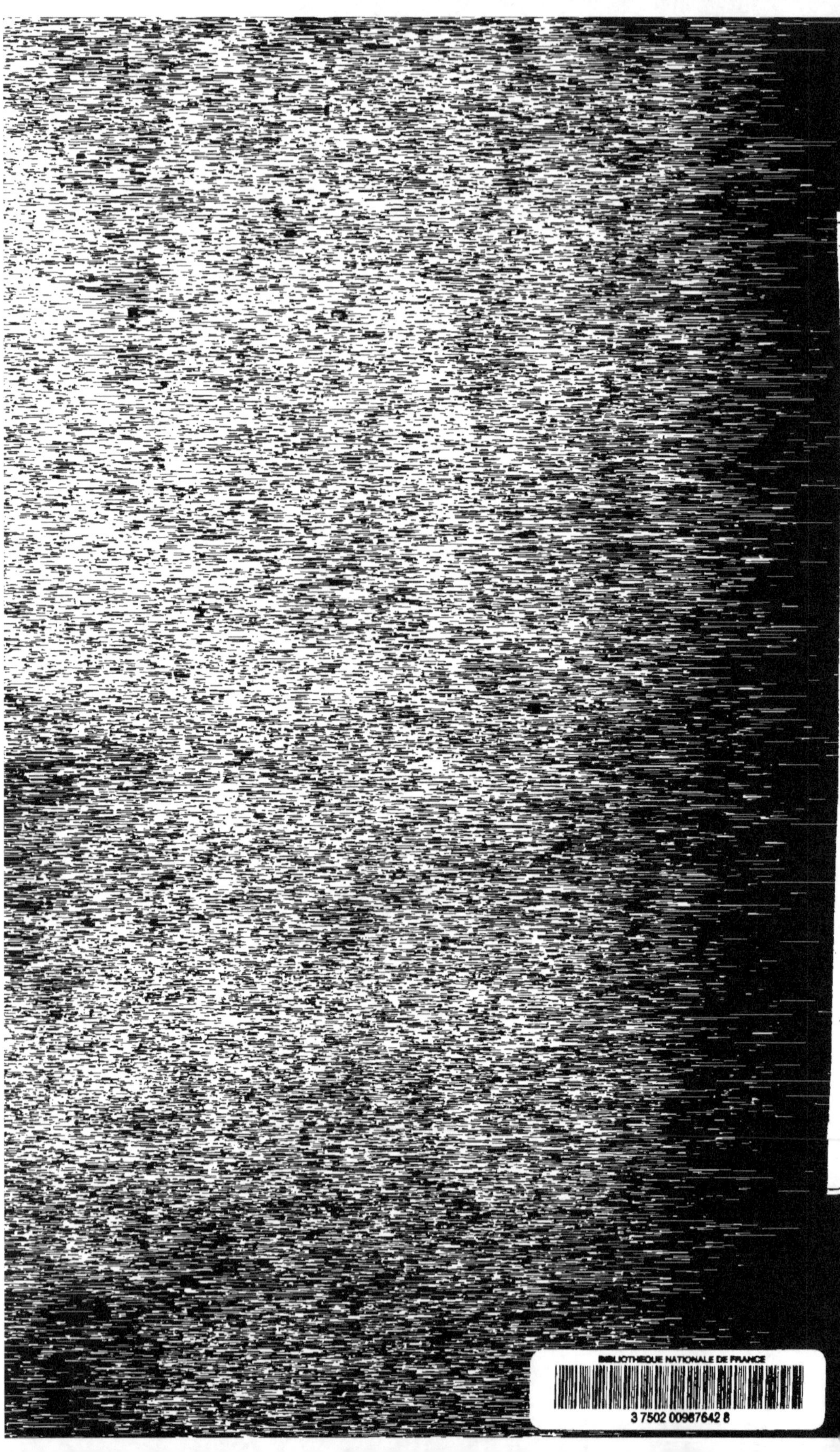